QUELQUES

QUESTIONS DE DROIT

PÉNAL,
CONSTITUTIONNEL ET INTERNATIONAL,

SOUMISES

A MESSIEURS LES ÉTUDIANTS DE LA FACULTÉ DE DROIT
DE L'ACADÉMIE DE GENÈVE,

POUR LEURS EXERCICES,

PAR LE

Comte de Sellon,

FONDATEUR DE LA SOCIÉTÉ DE LA PAIX.

Le fils en parlera à son père.

Genève,

IMPRIMERIE E. PELLETIER, RUE DU RHONE, 64.

1838

QUELQUES

QUESTIONS DE DROIT

PÉNAL,
CONSTITUTIONNEL ET INTERNATIONAL,

SOUMISES

A MESSIEURS LES ÉTUDIANTS DE LA FACULTÉ DE DROIT
DE L'ACADÉMIE DE GENÈVE,

POUR LEURS EXERCICES,

PAR LE

Comte de Sellon,

FONDATEUR DE LA SOCIÉTÉ DE LA PAIX.

Le fils en parlera à son père.

Genève,

IMPRIMERIE E. PELLETIER, RUE DU RHONE, 64.

1838

PRÉFACE.

Janvier 1838.

Après avoir assisté, le 11 décembre
1837, à un exercice de la Faculté de droit
de l'Académie de Genève, où la peine de
mort jouait le rôle principal, j'ai pensé
qu'il serait fort sage, dans un Etat représentatif quelconque, de multiplier ces
exercices, et de les étendre au droit constitutionnel et international, pour préparer
à la patrie des députés familiarisés avec la

discussion de ses intérêts les plus chers.
Si nos ancêtres, passionnés de la guerre,
organisaient des tournois pour y exercer
la jeunesse, soyons assez sages pour orga-
niser en revanche les travaux préparatoires de nos législateurs futurs; c'est, guidé
par ce sentiment, que je dédie cet opuscule
aux jeunes hommes qui suivent les cours
de droit pénal, constitutionnel et international. (Voir, page 15, les questions à
poser.)

QUESTIONS DE DROIT

PÉNAL[1],
CONSTITUTIONNEL ET INTERNATIONAL.

En prenant congé de mes lecteurs à la fin du second numéro de mes *Mélanges* (*moraux, littéraires et politiques*), je me suis engagé à présenter quelques développements des propositions que j'ai produites et reproduites depuis vingt ans en ma qualité de Député, de citoyen, de publiciste enfin, appelé par sa conscience à traiter tous les sujets indiqués par le titre de cette publication. Or, ces développements viennent d'eux-mêmes se placer au bout de ma plume quand je la saisis, après avoir médité sur les intérêts de l'humanité, de la société et de la *famille*.

Comme *Député*, je me suis attaché surtout à rechercher si le corps dont je faisais partie (le Conseil Représentatif) était doté par la

---

[1] Je prends la liberté de recommander aux personnes qui se destinent au barreau, et à la carrière judiciaire en général, la lecture *assidue* de la *Gazette des Tribunaux;* ils y reconnaîtront la répugnance toujours croissante du jury pour la *peine de mort.*

Constitution de tous les moyens nécessaires pour faire le bien, et à les réclamer soit à la tribune, soit par la voie de la presse, quand j'étais convaincu qu'il était dépouillé de ces moyens. Tel fut le motif de la demande que je fis en 1831, et que je renouvelle en 1837, d'accorder au Conseil Représentatif une part dans l'initiative des lois, dans la conviction que ce corps souvent renouvelé, et par conséquent plus identifié avec la nation, convertirait en lois les vœux de cette nation, tous les jours plus éclairée, par une presse libre, sur ses droits, et surtout sur ses devoirs.

Forcé, par l'état de ma santé, de renoncer aux fonctions de Député, je me réfugiai dans la presse périodique hebdomadaire, de toutes les formes enfin, pour propager mes opinions parmi toutes les classes de la société, *sans exception*, puisque mon principal objet était *l'inviolabilité de la vie de l'homme*, quelle que fût sa patrie, sa caste ou sa religion.

Pour atteindre mon but, il faut que je m'adresse à *tous*, puisque c'est la cause de *tous* que je plaide; il faut que j'invoque ce qui dans les théories gouvernementales sera le plus favorable à ma cause, ce qui permettra le mieux à l'opinion de se faire jour sans violer aucune loi, sans commettre un seul acte illégal, sans blesser les convenances sociales. Je n'attaque point les *individus* en attaquant les institutions; je reconnais tout ce qu'il y avait de vénérable dans l'ancienne magistrature; je proclame la bonne foi avec laquelle elle prononçait ses arrêts de mort; je rends hommage au courage chevaleresque des militaires de toutes les nations; je reconnais qu'ils avaient la conviction qu'ils remplissaient un devoir sacré en prononçant des sentences capitales, ou en versant le sang de leurs semblables sur le champ de bataille, mais je proclame en même temps la nécessité de fonder un nouvel édifice social, basé sur l'esprit de l'Evangile qui enseigne : 1° *que Dieu ne veut pas la mort du pécheur, mais sa conversion et sa vie;*

2° *Que bienheureux sont ceux qui procurent la paix, car ils seront appelés enfants de Dieu!*

Or, pour parvenir à obtenir un tel progrès des générations qui sont encore sur la scène du monde, et de celles qui vont y paraître pour y jouer un rôle *actif*, il faut peindre sous leurs couleurs naturelles les déplorables effets de l'ancienne manière d'évaluer la vie des hommes, c'est-à-dire de la cruelle légèreté avec laquelle on sacrifiait la vie de ses semblables, en même temps que la sienne, quand on aurait pu arriver à un résultat bien préférable par des moyens avoués par la religion et la philosophie.

Tout le monde ayant concouru, directement ou indirectement, à établir que la vie de l'homme était, dans de certaines circonstances données, à la disposition de la société, il faut aussi que *tout le monde* concoure maintenant à protester contre cette faculté qui ne devrait appartenir qu'à Dieu seul.

Pour éviter que l'oubli ne vienne frapper de mort mes propositions, je les fais réimprimer presque toutes les années, et le mois de novembre 1837 a encore vu éclore une lettre de moi, à un membre du Conseil Représentatif de Genève, où je recommandais à lui et à ses honorables collègues :

1° L'abolition de la peine de mort ;

2° La construction de *bateaux sauveurs;*

3° Mon projet de jonction du Danube avec la mer Méditerranée par la Suisse ;

4° La plus grande circonspection quand on traitait des objets relatifs à nos voisins, les Français et les Savoyards, anciens compatriotes des habitants des communes réunies au canton de Genève;

5° La nécessité de voter une loi tendante à placer tous les cultes sous la surveillance de l'autorité laïque ;

6° La fondation d'un Institut de charité pour les aveugles, à l'instar de ceux de Paris et de Berne;

7° Des allocations en faveur des beaux-arts et de l'étude des langues allemande et italienne (*toutes deux fédérales*) ;

8° Une allocation en faveur de la fondation de bibliothèques populaires dans toutes les communes rurales du canton ;

9° D'offrir aux cantons qui n'avaient pas de prisons, d'admettre, *moyennant finance,* leurs condamnés dans la maison pénitentiaire de Genève.

Plus la session approchait, plus je me sentais pressé par ma conscience de publier mes pensées sur les améliorations sociales et politiques que je désirais pour le bien de *tous,* et

je renouvelai les propositions que j'avais fai-
tes en 1831 pour le partage de l'initiative entre
les deux Conseils et la réduction du nombre
des conseillers d'état; je signalai ensuite l'a-
vantage de donner au procureur-général la faculté de se porter médiateur entre les différents
corps, et d'en appeler à l'autorité fédérale si
la constitution était violée. J'invoquai le prin-
cipe de la propriété, pour demander que nul
ne pût chasser sur le terrain d'autrui, en expo-
sant tous les dangers que faisaient courir les
chasseurs aux habitants des environs de Genève, tous agglomérés de manière à se trou-
ver au bout du canon du fusil du chasseur,
lorsqu'il croit tirer sur une pièce de gibier.

Tels ont été mes travaux pendant les deux
derniers mois de l'année 1837; puissent-ils
être bénis par la Providence, et avoir fait quelque impression sur ceux qui ont le droit de
convertir nos vœux en lois.....

L'éducation *constitutionnelle* de la généra-
tion présente est encore à faire; on ne sent pas
encore assez généralement que les constitu-
tions n'ont été inventées que pour préserver
les sociétés de l'impéritie ou de la mauvaise
volonté des gouvernants, et l'on voit encore,

de temps en temps, quelques hommes alléguer sérieusement la probité de leurs magistrats *actuels*, pour repousser les *garanties* réclamées par des citoyens ennemis de l'arbitraire, et instruits par le passé de ce qu'il faut préparer pour l'avenir dans les temps calmes. Pour sortir des généralités, je dirai franchement que j'ai été peiné du froid accueil qu'a reçu dans le Conseil Représentatif la *proposition* de M. Fazy-Pasteur, de faire une loi de responsabilité pour le Conseil d'Etat (*notre pouvoir exécutif*). Au lieu de lui opposer des fins de non-recevoir, il fallait nommer une Commission (dont il aurait fait partie) dans laquelle on aurait discuté à fond les moyens de rendre la responsabilité du Conseil d'Etat *efficace*: j'insiste sur ce point, puisqu'il est un des ressorts du gouvernement représentatif adopté en 1816 par l'ancienne république et le nouveau canton de Genève, mais je crains bien que tant que les deux Conseils siégeront dans la même salle, et qu'un seul aura l'initiative des lois, il ne soit impossible d'obtenir le développement promis par le préambule de notre charte, parce que la présence du Conseil d'Etat, *en masse*, à la délibération du Conseil Représentatif, est gênante, surtout quand il est question de lui aussi directement que dans la proposition de M. Fazy-Pasteur ou dans celle de l'initiative des lois.

Une autre cause indirecte qui retarde *l'éducation constitutionnelle*, c'est la défaveur que des personnes influentes des deux sexes jettent quelquefois sur les hommes qui ont assez de *courage civil* pour signaler les lacunes de la constitution. Or, en méditant sur les propositions individuelles présentées pendant la session de décembre 1837, on conviendra que ces lacunes sont nombreuses, et que plusieurs de ces propositions ont surtout fait sentir vivement l'absence totale de responsabilité du corps chargé de l'exécution des lois, sur un point bien capital pour le siècle où nous vivons, *sur les travaux publics*. J'invite le lecteur à consulter à cet égard le développement de la proposition de M. Hornung, relative à la création d'un *architecte cantonal*, dans le Mémorial des séances du Conseil Représentatif, qui est pour Genève ce que le *Moniteur universel* est pour la France. Toutes ces propositions m'ont confirmé dans la conviction de la nécessité de partager l'initiative des lois entre les deux Conseils, et de ne plus confier leur sort définitif à l'arbitraire de celui qui est chargé de l'exécution des lois. Les arguments opposés à la proposition de M⁏ Fazy-Pasteur m'ont aussi confirmé dans l'opinion que le trop grand nombre de Conseillers d'Etat dispersait la responsabilité *morale* de ce corps, la seule qui existe tant que la proposition de M. Fazy ne sera pas adoptée.

La marche des délibérations du Conseil Représentatif, depuis sa création, confirme plusieurs remarques, fines et judicieuses, de Jérémie Bentham, dont les ouvrages méritent d'être médités par les jeunes gens qui se destinent à l'honneur de représenter leurs concitoyens. *Les Sophismes dilatoires*, et la *Tactique des assemblées législatives*, traduits par Etienne Dumont, de Genève, devraient être le *vade-mecum* de tous les jeunes députés dans tous les pays constitutionnels.

Il faut du *courage civil* pour résister à ces *phrases de salon* qu'on lance sur les constitutionnels rigides. Il faut du courage civil, pour mépriser le reproche d'être *mal pensant*, prodigué à ceux qui ne votent pas imperturbablement avec le pouvoir exécutif,

quel que soit son titre ; il faut du *désintéres-
sement civil* dans ceux qui se destinent à faire partie de ce pouvoir exécutif, pour demander sérieusement des garanties constitutionnelles contre les empiétements de ce corps
permanent et compacte, composé d'hommes
faillibles, et susceptibles par conséquent de
toutes les faiblesses de l'humanité. Il faut
de *l'indépendance morale* pour oser soutenir
que l'administration du canton de Genève
doit être soumise aux règles qui régissent
tous les gouvernements constitutionnels pos-
sibles ; il faut s'élever jusqu'à la pensée de
nos ancêtres, pour confier au procureur-général le soin d'en appeler à la médiation du
Gouvernement fédéral, pour éviter les in-
terventions *étrangères*.

Depuis que des hommes trop ardents ou de
mauvaise foi ont dépopularisé en Europe *les
idées libérales*, il faut une dose de courage
moral et civil, plus qu'ordinaire, pour les défendre publiquement, et surtout dans les salons
où il n'est plus de très-*bon goût* d'être libéral.

J'ai assisté (comme je l'ai dit plus haut),
le 11 décembre 1837, à un exercice de la Faculté de droit, *en matière pénale;* eh bien !

je voudrais qu'il y eût aussi des exercices de *droit constitutionnel*, où l'on poserait des questions pareilles à celles-ci :

A qui doit appartenir l'initiative des lois, dans un gouvernement représentatif?

Par qui doit être exercé l'appel à l'autorité fédérale dans un gouvernement *fédéral*, quand il s'élève des troubles dans un *état particulier*?

Dans l'intérêt de *la chose publique*, le corps qui exerce le pouvoir exécutif doit-il être nombreux ou restreint?

Depuis que les séances du Conseil Représentatif sont publiques, n'est-il pas imprudent, autant qu'inconvenant, de prédire qu'une loi ne sera pas exécutée?

Le droit de chasse est-il inhérent à *la nature de l'homme*, ou n'est-il pas plutôt un attribut *exclusif* du *droit de propriété*, puisque pour chasser il faut entrer sur les terres de quelqu'un , et y entrer *armé*, ce qui est contraire *au droit commun !* le propriétaire n'est-il pas suffisant pour se débarrasser des animaux nuisibles qui infesteraient son domaine ?

Dans un pays mixte, quelle doit être la position du pouvoir exécutif à l'égard des ministres des différents cultes ?

Le Code pénal actuel est-il suffisant pour réprimer le duel ?.....

L'exemple de la Toscane ne doit-il pas engager tous les pays civilisés à abolir la peine de mort ?

La guerre ne pourrait-elle pas être évitée par la création d'un tribunal arbitral permanent et siégeant dans une ville centrale ?

Ne devrait-on pas allouer une indemnité aux personnes qui auraient été arrêtées et punies injustement, en vertu *d'une erreur judiciaire?* Ne devrait-on pas former une caisse avec les *amendes* (1) pour être employées à ces indemnités, comme l'avait ordonné Léopold, grand-duc de Toscane, le même qui avait aboli la peine de mort ?

(1) Si l'on fait une loi contre le duel, les *amendes* y joueront probablement un rôle important ; eh bien, les duellistes téméraires, les ferrailleurs, les provocateurs de ces guerres privées, serviront au moins à indemniser les victimes des erreurs trop fréquentes de la justice humaine, erreurs bien cruelles, bien déplorables, surtout quand elles vont jusqu'à priver une créature humaine de la vie, mais qui doivent être réparées *quand la chose est possible.*

La société a-t-elle le droit d'infliger des punitions plus sévères aux militaires qu'aux autres citoyens, sous prétexte que la discipline et le salut de l'armée exigent *un Code exceptionnel*; cette société ne devrait-elle pas plutôt renoncer à l'entretien de ces armées *permanentes* qui menacent toujours la paix du monde, et qui entraînent ces marchés d'hommes qu'on appelle *remplacements*, et qui font parcourir un cercle vicieux aux Etats qui s'imposent cette charge, car ils s'endettent à leur occasion et font ensuite la guerre pour les utiliser ?

Quels sont les caractères et les devoirs essentiels du ministère public *en général*, et du *procureur-général* dans le canton de Genève en particulier ? Le ministère public ne doit-il pas (sauf de rares exceptions qu'il faut signaler) poursuivre d'*office*, aussitôt que la loi ou la Constitution sont violées? Dans un gouvernement *fédéral*, le ministère public n'est-il pas très-bien placé pour invoquer la médiation (1), et enfin le secours de l'autorité *cen-*

(1) Tous les efforts des *penseurs* du 19me siècle devraient se tourner vers la solution du problème de la médiation à créer soit à l'intérieur soit à l'extérieur de l'Etat, pour évi-

2

trale, quand il y a collision entre les pouvoirs cantonaux, et que l'autorité judiciaire n'est plus suffisante pour la terminer ?

L'emprisonnement *solitaire* doit-il être substitué par le Code pénal à la peine de mort, ou doit-il être appliqué seulement comme mesure disciplinaire par le directeur des prisons, sous la surveillance du comité qui lui est adjoint ?

Le législateur n'aurait-il pas mieux servi la cause de la morale publique, en abolissant *absolument* la peine de mort, qu'en admettant des *circonstances atténuantes* qui tendent à dénaturer les crimes aux yeux des masses, et à leur enlever ce qu'ils ont de révoltant. Ne doit-on pas penser avec Montesquieu, que la peine la plus grave remplace promptement celle qui existait auparavant dans l'échelle de ces peines ?...

ter l'appel aux armes qui est la négation humiliante des forces morales, en proclamant leur impuissance, et qui rappelle le mode brutal de dénouer le *nœud gordien*, mode qui rendrait inutile et même ridicule l'étude du *droit*, puisqu'il en tient lieu, et qu'il faudrait mettre à sa place l'étude de l'emploi de la force brutale ; aussi le célèbre Grotius tombet-il lui-même dans des contradictions continuelles, quand il cherche à concilier le *droit* avec la *force*.

Quels sont les principes fondamentaux des divers gouvernements, et quelles sont les institutions qui en découlent (1) ?

Montesquieu, l'auteur de l'*Esprit des Lois*, a essayé de caractériser tous les gouvernements et d'assigner à chacun l'esprit qui leur était propre ; il nous a laissé un grand exemple à suivre, sachons profiter de l'expérience acquise depuis l'apparition de ce grand ouvrage ; sachons profiter de la liberté indéfinie de discussion dont nous jouissons maintenant, et dont il était privé pour repousser les fins de non-recevoir que les ennemis du *progrès* vont chercher partout, pour lui résister.

(1) Cette question est surtout importante à poser dans un pays où il y a deux sessions législatives cantonales et une fédérale chaque année, pendant lesquelles chaque membre a le droit de proposer des amendements à la Constitution. Il faut se mettre en mesure de les soutenir et de repousser logiquement certaines fins de non-recevoir, basées le plus souvent sur des considérations purement personnelles et locales. Une fois qu'un pays a adopté une forme de gouvernement quelconque, il doit en développer graduellement les conséquences, sans s'arrêter aux différences nationales, parce que ce sont les institutions qui font les hommes, comme l'histoire nous le démontre ; il ne faut qu'un peu de patience pour les appliquer.

Aujourd'hui ce sera le climat, demain la position topographique, le trop petit ou le trop grand nombre d'habitants, qui offriront des obstacles à l'application de telle ou telle théorie jugée saine dans le sens absolu; admettez, si vous voulez, des *nuances*, mais restez ferme comme un roc sur le *fonds* une fois qu'il aura été admis d'une manière sérieuse, après avoir été reconnu praticable. Par exemple, quand le système représentatif a été une fois admis en faveur des hommes capables de défendre les intérêts du pays, travaillez toute votre vie, s'il le faut, à obtenir pour eux les moyens d'accomplir leur mission d'une manière *complète* ; il vaudrait mieux transiger sur les conditions de l'élection, que sur les pouvoirs à confier aux députés *élus* ; qu'ils aient surtout le droit de *proposer* et de voter la Loi !....

Ne croyez pas par exemple, que les Anglais fussent devenus ce qu'ils sont (une grande nation), sans leurs institutions : étudiez ce qu'ils leur doivent, et concluez-en que des institutions analogues donneraient à toute nation qui les adopterait cette *dignité* qui vous plaît en eux. Mais que cette préférence ne vous rende pas injuste envers les nations qui ne jouissent pas de ces institutions (1); *soutenez seulement que tous les hommes, sans exception, sont susceptibles de les recevoir et de les développer en plus ou moins de temps* ; car, par exemple, le fonds des institutions anglaises et américaines est une idée bien simple : *Obéissance à la Loi proposée et votée par vos représentants que vous avez élus et que vous ne rééélirez pas si vous n'en êtes pas contents !....*

(1) Cela posé, admettez que telle nation est mieux préparée qu'une autre à faire ses affaires elle-même, ou plutôt *à choisir, à élire ses gens d'affaires ou ses députés ;* admettez qu'il est tel souverain, né sur le trône, d'une telle capacité, d'un tel caractère, qu'il fait peut-être aussi bien les affaires de la nation que s'il avait été élu par elle ; réjouissez-vous de ces *accidents heureux* (comme les appelait lui-même l'empereur de Russie, Alexandre); mais ne déshéritez aucune nation du droit d'entourer *un jour* le pouvoir exécutif (quel qu'il soit) de ses députés !...

SUPPLÉMENT.

Comme cet écrit est plus particulièrement dédié à MM. les étudiants de l'Académie de Genève, j'appuierai l'opinion que j'y ai émise sur l'initiative des lois, de l'autorité de M. Cherbuliez, professeur chargé de leur enseigner le droit public ; or, je trouve page 20, tome II de son ouvrage intitulé : *Théorie des garanties constitutionnelles*, le paragraphe suivant : « Le corps exécutif exerce l'initiative *exclusive*, lorsqu'il a *seul* (1) le droit de faire des propositions, c'est-à-dire de soumettre aux délibérations du corps législatif les questions sur lesquelles celui-ci est appelé à se prononcer. Sous cette forme le contrôle ne se présente plus comme une opposition directe aux volontés du Corps législatif, car il a justement pour effet d'*empêcher la manifestation légale et régulière de ces volontés*. Que les orateurs

(1) Or, telle est la prérogative du *Conseil d'Etat* de Genève.

de la législature, expriment quand l'occasion s'en présente, ce qu'ils croient être le vœu de l'assemblée, sur une question non soumise à ses *délibérations, ce n'est jamais qu'une manifestation individuelle, à laquelle la votation ne vient point attacher le caractère de volonté collective émanée de la majorité du Corps.*

« L'initiative *exclusive* est donc plus facile à exercer que le *veto absolu;* elle exige moins de force dans le corps qui l'exerce, mais précisément par cette raison, elle est *plus dangereuse;* il est plus à craindre qu'on ne s'en serve *pour arrêter ou retarder la marche progressive de la législation et le développement des institutions du pays.* » (1)

Je crois devoir citer ici un fragment de la préface du même ouvrage, en le faisant suivre de quelques réflexions sur le rôle que peuvent fouer les professeurs de droit et les jurisconsultes en général, dans les assemblées législa-

(1) On ne peut pas inviter plus clairement les amis du progrès à placer l'*initiative* dans le Corps Législatif, nommé pour peu de temps, connaissant les vœux de la nation, et ayant un intérêt direct à les satisfaire; Montesquieu et Delolme ont émis la même opinion sur l'*initiative des lois* dans leurs ouvrages.

tives ; mais laissons parler d'abord M. Cherbuliez !...

« *Les penseurs consciencieux* vivent peu
« dans le présent ; leur domaine, c'est l'ave-
« nir. Ils savent que la vérité triomphe tôt ou
« tard de l'erreur ; ils savent que le temps use
« les résistances, modifie les intérêts, dissipe
« les préventions, amortit les passions ; et forts
« de leur confiance dans ce puissant auxiliaire,
« ils poursuivent courageusement leur route,
« et bravent la défaveur qu'une opinion in-
« juste attache à leurs travaux. »

J'ajouterai ou j'opposerai à ces réflexions,
que comme *les professeurs de droit* peuvent
siéger dans les Corps législatifs, ils peuvent
aussi y défendre et même y faire admettre dans
la pratique, leurs *Théories constitutionnelles.*
Le bonheur des hommes, le sort du *progrès*
dans toutes les branches, pouvant dépendre de
cette admission, des jurisconsultes distingués
ne consentiraient probablement pas à les voir
reléguées parmi les *utopies*; ils ont bien prouvé,
dans la discussion soulevée par la suspension
de M. le pasteur Chenevière, qu'ils préten-
daient donner leur avis motivé et *contradic-
toirement* sur les questions les plus graves, tel-

les que celles qui se rattachent aux rapports de l'Eglise avec l'Etat. J'ose espérer que lors de la révision (tant promise) du Code pénal, ils seront aussi favorables à l'abolition absolue de la peine de mort, que leur collègue Charles Lucas. Si les étudiants en droit ont leurs *exercices*, les avocats ont leurs *conférences* où ils abordent toutes sortes de questions ardues et de la plus haute importance sociale.

Un respectable jurisconsulte du canton de Vaud, partisan zélé de *l'abolition absolue de la peine de mort*, à qui j'avais envoyé la petite brochure contenant le récit concernant la condamnation d'un jeune homme *puni pour un crime dont il était innocent*, m'écrivit, le 23 décembre 1837, une lettre pleine de sympathie où se trouvait le paragraphe suivant :

« Un très jeune homme des environs de Nyon
« (je crois que c'était un nommé *Maire*, de Pro-
« monthoux), se rendit il y a environ 70 ans à
« Genève où il arriva à la nuit; étant très-fati-
« gué, il s'étendit sur le banc d'une de ces pe-
« tites boutiques qui étaient sous les dômes
« des rues Basses près de la Cité, et s'endor-
« mit; pendant la nuit on commit un vol
« dans un magasin; la police, très-active à Ge-

« nève, s'empara du jeune homme encore en-
« dormi et le conduisit au magistrat ; on trou-
« va sur lui la clef du magasin où le vol avait
« été commis ; il fut troublé, on l'appliqua à
« la torture, et la douleur lui fit avouer un cri-
« me dont il était innocent ; il fut condamné
« à mort et exécuté ; quelque temps après un
« soldat de la garnison, qui avait coopéré au vol
« du magasin, et qui étant de patrouille avait
« glissé dans la poche du jeune homme la
« clef du magasin, fut arrêté pour un autre
« délit, et avoua non-seulement ce dernier
« crime, mais encore celui du magasin, *en met-*
« *tant en pleine évidence l'innocence du jeune*
« *homme qui avait été pendu* (1). Les magis-

(1) Un estimable savant, membre de l'Institut royal de France, M. Poisson, a publié un ouvrage très-remarquable sur la *probabilité des erreurs judiciaires*, qui milite puissamment en faveur de l'abolition de la peine de mort. Un jeune ecclésiastique, M. *Witz*, a choisi pour le sujet de sa thèse de réception au grade de docteur en théologie à Strasbourg, *les motifs qu'on trouve dans l'Evangile pour abolir la peine de mort*. M. Aimé Martin, ancien professeur au collége de France, a repoussé cette peine dans un ouvrage récent, où il signale les institutions conformes à la civilisation actuelle. Genève resterait-elle en arrière dans un aussi beau mouvement ? J'espère que non !...

« trats s'empressèrent d'abolir la torture, mais
« laissèrent subsister la peine de mort ; qu'ils
« achèvent leur ouvrage en supprimant aussi
« cette peine, et ils mériteront bien de l'hu-
« manité entière, car la question de la peine
« de mort appartient à l'humanité en général,
« et aucun motif spécial ne peut en justifier
« la continuation pour Genève en particulier.
« J'espère donc, M. le comte, que (comme
« vous le dites à la fin de vos judicieuses, mais
« trop courtes réflexions sur l'affaire Berseth),
« Genève substituera *légalement* à la peine de
« mort une réclusion *laborieuse*, entourée de
« tous les secours moraux et religieux. »

MAXIMES CONSTITUTIONNELLES.

Le pouvoir exécutif (1) doit, à l'ouverture des sessions législatives, exposer son système de gouvernement passé et à venir.

A la même époque, le pouvoir législatif doit exposer le tableau de ses travaux passés et de ses projets pour l'avenir, par l'organe de son président.

Chaque corps doit avoir son président *particulier* qui soit l'organe de sa pensée.

Chaque fois qu'un corps délibère *sur une question importante,* la demande d'une commission nombreuse doit être accueillie avec faveur ; c'est le seul moyen d'échapper aux *surprises* ou à l'omnipotence de la majorité.

(1) La forme du gouvernement n'y fait rien, car tous les pouvoirs exécutifs du monde ont à peu près les mêmes attributions et le même intérêt.

Il faut renouveler souvent l'élection du Corps *législatif*, et prolonger en revanche les fonctions des membres du pouvoir *exécutif* afin de profiter de leur expérience !

Il faut multiplier autant que possible les députés *directs* de la nation, pour mieux connaître sa volonté et restreindre en revanche le nombre des membres du pouvoir exécutif et administratif.

Il faut que le Corps législatif jouisse de l'initiative des lois concurremment avec le pouvoir exécutif.

Il faut que les députés préludent à la session par des réunions *préparatoires* (1).

(1) En face d'un corps *permanent*, le corps *mobile* aurait trop de désavantage s'il ne s'entendait pas d'avance *avec lui-même* sur les grandes questions, telles par exemple que la révision du Code pénal promise dans toute l'Europe, et à Genève en particulier, à la grande époque de 1814, qu'il faut étudier soigneusement quand on s'occupe du droit public et international de l'univers, et de la Suisse en particulier.

Résumé de mes vœux

POUR L'ANNÉE 1838.

Je désire que la fête de la Restauration soit reportée au mois de Juin, époque anniversaire de l'admission de fait de Genève dans la Confédération Suisse.

Je désire que le Conseil Représentatif ait un *Président particulier* nommé par lui, et que dans les grandes solennités il réponde au discours du Conseil d'Etat au nom du Conseil Représentatif, par une sorte d'*adresse*.

Je désire que le Conseil Représentatif ait **sa** part dans l'*initiative des lois*, pour faire débattre et *voter* celles que réclame l'intérêt de l'humanité (1) et de la patrie.

(1) Chacun devine que je veux parler ici de l'*abolition absolue de la peine de mort*.